Bartosz Mazur

Das Mediensystem in Polen

GRIN Verlag

Bibliografische Information der Deutschen Nationalbibliothek:

Die Deutsche Bibliothek verzeichnet diese Publikation in der Deutschen Nationalbibliografie; detaillierte bibliografische Daten sind im Internet über http://dnb.d-nb.de/ abrufbar.

Impressum:

Druck und Bindung: Books on Demand GmbH, Norderstedt Germany
ISBN: 978-3-656-38066-5

Dieses Buch bei GRIN:

http://www.grin.com/de/e-book/209895/das-mediensystem-in-polen

"Mediensystem in Polen"

Macromedia Hochschule für Medien &
Kommunikation, Köln

Fachbereich Medienmanagement, TV-Produktion

-

"Internationale Medienwirtschaft"

WS 2009

-

von Bartosz Mazur

I. Inhaltsverzeichnis……………………………………………………………………1

1. Einleitung

In der vorliegenden Arbeit werde ich das Mediensystem der Republik Polen porträtieren. Das polnische Mediensystem hat eine rasche Veränderung in den letzten beiden Jahrzehnten durchgemacht. Nach dem Verfall des Kommunismus, musste sich die damalige Medienlandschaft an einer neuen Art des Mediensystems orientieren. Weg vom Feindbild des Kommunismus, orientierten sich die Polen in ihrer wieder gewonnen Freiheit am Westen. Als Vorbild fungierten demokratische Modelle.[1] Jedoch entwickelte sich nach dem Fall des „Eisernen Vorhangs" in Ost-Europa und speziell in Polen ein neuartiges Modell, welches mehrheitlich Fragmente der westlichen Mediensysteme beinhaltet, sich aber nichts desto trotz an der Landesmentalität und Landesgeschichte orientiert und sich somit von diversen schon dagewesenen Mediensystemen abgrenzt. Das Mediensystem Polens ist für den Studiengang Medienmanagement unter mehreren Gesichtspunkten interessant. Zum einen gibt es in Polen einen relativ neuen und aufstrebenden Markt im Bereich der Medien und zum anderen gehört Polen zum einen der größeren TV-Märkte in Europa. Auch andere Bereiche des Medienmarktes steigen stetig an und bieten ausländischen Investoren gute Anlegemöglichkeiten (z.B. Print- und Werbemarkt).[2] Im Lauf dieser Arbeit werde ich zunächst einmal den Begriff Mediensystem erläutern und dabei auf die einzelnen Elemente eingehen. Dann werde ich einige Daten zur Republik Polen benennen und dabei auf einige medienrelevante Faktoren eingehen, die im Zusammenhang „Mediensystem" aufschlussreiche Informationen über eine Medienlandschaft liefern können. Bevor das eigentliche polnische Mediensystem vorgestellt wird, werde ich dem Leser einen kurzen Einblick in die Transformation des Mediensystems, vom Kommunismus zum heutigen Modell geben. Anschließend wird im Hauptteil, das Mediensystem der Republik Polen erläutert. Dabei werden neben der Medienpolitik, dem Medienrecht und der Medienregulierung auch die einzelnen Akteure auf den verschiedenen Ebenen vorgestellt und miteinander in einen strukturellen und funktionellen Zusammenhang gebracht. Abschließend werden einzelne Marktsegmente der polnischen Medienlandschaft näher betrachtet. Dabei schauen wir uns den Fernseher-, Hörfunk- und Printmarkt, mit Hauptaugenmerk auf die Tageszeitungen genauer an.

---

[1] Vgl. Transformation und Entwicklungsprozess des Mediensystems in Polen von 1989 bis 2001, S. 16 – S. 17 URL: https://eldorado.tu-dortmund.de/bitstream/2003/2968/1/Hadamikunt.pdf Zugriff: 10.12.2009

[2] Vgl. Transformation und Entwicklungsprozess des Mediensystems in Polen von 1989 bis 2001, S. 252 URL: https://eldorado.tu-dortmund.de/bitstream/2003/2968/1/Hadamikunt.pdf Zugriff: 10.12.2009

2 Begriffsklärung: Mediensystem

Der Begriff Mediensystem, scheint uns kein rätselhafter Begriff zu sein, da wir die beiden Wörter, aus denen der Begriff zusammengesetzt ist, kennen. System und Medien dürfte jeder schon einmal gehört haben. Doch der Begriff „Mediensystem" scheint komplexer zu sein als man denkt. Zumindest das, was dahinter steckt. Zu Beginn möchte ich die beiden Wörter „System und Medien" näher erläutern, um ein besseres Verständnis zu schaffen. Medien sind in diesem Zusammenhang alle technischen Geräte und die dazugehörende Infrastruktur, mit denen man Inhalte verbreiten kann bzw. über Massenkommunikation an ein bestimmtes Publikum vermitteln kann. Dazu gehören auch alle Organisationen, welche diesen Vorgang ermöglichen oder nutzen wie z.B. Redaktionen, Rundfunkanstalten, Vertriebssysteme, Produktionsfirmen, Presseagenturen und viele mehr. Zu den Massenmedien gehören Presse, Radio, TV, Film, Printmedien, Onlinemedien und so weiter. Die Vielfalt ist groß und stetig ansteigend.[3] Der Begriff „System" kommt aus dem Griechischen und bedeutet „Zusammenstellung", wobei man davon ausgeht, dass diese Zusammenstellung zwei oder mehrere Einzelelemente verbindet und sie zu einem Ganzen verbindet. Diese Elemente stehen zueinander in einer entsprechenden Wechselwirkung bzw. Funktion. Man kennt diverse Arten von Systemen. So beruht das Sonnensystem, ein Organismus, ein komplexes elektronisches Gerät oder einfach ein soziales System auf demselben Prinzip: Es besteht aus mehreren Einzelelementen die zueinander in einer bestimmten Beziehung stehen. Ein soziales System ist zum Beispiel unsere Gesellschaft. In dieser Gesellschaft gibt es verschiedene Subsysteme wie z.B. die Politik, Medien, Wirtschaft, Rechtswesen, Gesundheitswesen und viele mehr. Das Mediensystem ist auch ein Teil der Gesellschaft: Ein Subsystem, mit der Aufgabe eine breite Kommunikation zu ermöglichen und um die Menschen zu informieren oder unterhalten. Das Mediensystem setzt sich wiederum aus mehreren Subsystemen wie z.B. Printmedien, Onlinemedien und Rundfunkmedien zusammen. Weiterhin kann man Diese in weitere Subsysteme unterteilen: TV-Radio-Sender, Redaktionen oder Journalisten.[4]

---

[3] Vgl. Gläser, Martin (Hrsg.) (Stuttgart, 2008): Medienmanagement S. 12-13
[4] Vgl. Barbara Thomaß (Hrsg.) (2007, Konstanz):
Mediensysteme im internationalen Vergleich, S. 13 & S. 18

3 Die Republik Polen

3.1 Daten und Fakten

Die Republik Polen trägt den offiziellen Namen „Rzeczpospolita Polska" und ist ein Land mit ca. 38,6 Millionen Einwohnern in Mitteleuropa, wobei eine Bevölkerungsdichte von 122 Einwohnern pro km² gegeben ist. Bei dem politischen System handelt es sich um eine parlamentarische Demokratie. Polen ist zudem ein Mitglied der EU, NATO und anderen internationalen Organisationen. Die Landesfläche beträgt 312678 km² und gehört somit zu den größeren Ländern in Europa. Landeshauptstadt ist Warschau. Haupt- und Amtssprache ist polnisch. Das Bruttoinlandsprodukt betrug im Jahr 2008 etwa 359,8 Mrd. Euro. Pro Kopf sind es 9.434 Euro.[5] Die Bevölkerung des Landes setzt sich wie folgt zusammen: Polen 97,6%, Deutsche 1,3%, Ukrainer 0,6%, Weißrussen 0,5%. Andere ethnische Volksgruppen in Polen sind unter anderem die Kaschuben, Schlesier, Tataren, Lemken, Karaima, Roma und Juden.[6] Die Polen sind zu etwa 91% römisch-katholisch. Die restlichen 9% bilden überwiegend andere christliche Konfessionen, aber auch in einem sehr geringen Maß Juden und Muslime.[7]

3.2 Medienrelevante Faktoren

Das Mediensystem wird von seiner Umwelt im entsprechenden Land beeinflusst. So wirken sich Politik, Wirtschaft, Gesellschaft, Geschichte und die Ziele der verschiedenen Akteure auf das Mediensystem aus.[8] Bei näherer Betrachtung der Situation eines Landes bzw. diverser Faktoren die in einem Land gegeben sind, kann man wertvolle Informationen über ein Mediensystem herleiten. So sind in diesem Kontext insbesondere das politische System, die Geographie, das Medienrecht, der technologische Fortschritt, die ökonomische Situation, die Anzahl der ethnischen Volksgruppierungen und die Anzahl der gesprochenen Sprachen zu beachten.[9] Hinzukommend sind eine historische Entwicklung, Mentalität und kulturelle Identität der Bürger eines Landes maßgeblich an der Formung eines Mediensystems in einer

---

[5] Vgl. Auswärtiges Amt: Polen
URL: http://www.auswaertiges-amt.de/diplo/de/Laenderinformationen/01-Laender/Polen.html
Zugriff: 10.12.2009

[6] Vgl. Polish-Online: Nationale ethnische Minderheiten
URL: http://www.polish-online.com/polen/politik/nationale-ethnische-minderheiten.php Zugriff: 10.12.2009

[7] Vgl. Tourismus: Polen, URL: http://www.tourismus-polen.de/Infos_Land.htm Zugriff: 10.12.2009

[8] Vgl. Gundolf, Axel (Hrsg.) (Saarbrücken, 2008): Transformation des polnischen Mediensystems S. 2

[9] Vgl. Barbara Thomaß (Hrsg.) (2007, Konstanz):
Mediensysteme im internationalen Vergleich, S. 23-25

demokratischen Nation beteiligt. Die Diversizität der Ethnien und Sprachen sind in Polen zwar hoch, im Vergleich zur polnischen Bevölkerung jedoch zahlenmäßig relativ gering. Wie schon vorhin erwähnt, dominiert das Christentum und die Volksgruppe der Polen das Land. Daraus schlussfolgern wir, dass auch der größte Teil der Medien homogen in polnischer Sprache kommuniziert und rezipiert wird. Dennoch gibt es im polnischen Medienrecht das Minderheitengesetz, welches den kleinen ethnischen Volksgruppen und Minderheiten in Polen eine freie Entfaltung in den Medien garantiert. Hierfür sorgt Kapitel 4 des polnischen Rundfunkgesetzes, durch welches ethnische Gruppen und Minderheiten berücksichtigt werden.[10] In Polen sind Patriotismus und christliche Werte in allen Schichten und Lebensbereichen präsent. Durch die starke Präsenz des Katholizismus und der bedeutenden Rolle der Kirche in der Geschichte des Landes, ist es nicht verwunderlich, dass christliche Werte in der Medienlandschaft verankert sind. So bietet das polnische Medienrecht bzw. das Rundfunkgesetz (Kap. 4) eine Garantie, dass diese Werte in den Inhalten einen hohen Stellenwert haben. So existieren in Polen religiös geprägte und von der katholischen Kirche betriebenen Radio- und TV-Sender wie z.B. „TV Trwam" und „Radio Maryja".[11] Da Polen eine parlamentarische Demokratie hat, sind die Medien prinzipiell auch den demokratischen Richtlinien untergeordnet, wonach sich auch das Medienrecht und die Medienpolitik des Landes orientiert. Diverse Gesetze wurden zwischen 1985 und 2005 erlassen, um das zu erreichen. Dazu gehören unter anderem das Pressegesetz, Rundfunkgesetz und die Abschaffung des Zensurgesetzes. So sind Medienrecht, Medienpolitik und Medienregulierung, auf die im Hauptteil der Arbeit näher eingegangen wird, durch das politische System in Polen geprägt.[12] Die Medientechnologie in Polen ist stark vorangeschritten und stetig ansteigend. Digitales Fernsehen, Satteliten- und Kabelanschlüsse und Internetverbindungen sind im hohen Maße vorhanden (Quelle: siehe 4.2 „Der polnische Medienmarkt"). Zudem soll ein allgemeiner Übergang von Analog- zur Digital- und Informationstechnik kommen. Experten sind der Ansicht, dass die Medien so in interaktive und individuelle Angebote tendieren werden. So plant der öffentlich-rechtliche Sender TVP bis 2012 eine Digitalisierung des kompletten Senderangebotes.[13]

---

[10] Vgl. Gundolf, Axel (Hrsg.) (Saarbrücken, 2008): Transformation des polnischen Mediensystems S. 62
[11] Vgl. Gundolf, Axel (Hrsg.) (Saarbrücken, 2008): Transformation des polnischen Mediensystems S. 62 & S. 64
[12] Vgl. Gundolf, Axel (Hrsg.) (Saarbrücken, 2008): Transformation des polnischen Mediensystems S. 59
[13] Vgl. Wien International: Medienlandschaft in Polen
URL: http://www.wieninternational.at/de/node/11769 Zugriff: 10.12.2009

3.3 Transformation der Medien

Als sich das politische und gesellschaftliche System in Polen durch den Verfall des Kommunismus veränderte, so war es sicher, dass sich das Mediensystem in Polen transformieren würde. Auf der politischen Ebene war der Wechsel vom sozialistisch-totalitären Regime zu einer parlamentarischen Demokratie ermöglicht worden. Parallel dazu musste die Transformation vom sozialistischen Mediensystem zu einem demokratisch-westlich-orientierten Mediensystem, sozusagen von einem auf den anderen Tag erfolgen. Natürlich dauerte es mehrere Jahre und man kann zukünftig sicherlich von weiteren Veränderungen ausgehen. Dennoch bildete sich in Polen ein individuelles Mediensystem heraus, welches seine Wurzeln teils in der westlichen Medienordnung, teils in der „alten“ Medienordnung des Landes und natürlich der Landesmentalität hat.[14] Wenn wir vom sozialistischen Mediensystem sprechen, müssen wir uns die Situation aus dem Jahre 1975 näher anschauen. Die Medienpolitik von 1975-1985 wurde stark durch die politischen Unruhen beeinflusst. Alle wichtigen medienbezogenen Entscheidungen wurden im Politbüro und Zentralkomitee der Partei getroffen. Medien- und Pressefreiheit gab es nur in der Theorie. Im Rundfunkbereich gab es die Bestimmung, dass nur das Komitee für Radio und Fernseher, die alleinigen Rechte zur Produktion und Distribution von Programmen hat. Zensur war an der Tagesordnung. Medieninhalte waren stets auf die Parteipolitik abgestimmt. Das Mediensystem dieser Zeit lässt sich als geschlossen, östlich-realsozialistisch bezeichnen.[15] Das Mediensystem ab dem Jahr 1985 wird heute als gespaltenes Mediensystem in der Prä-Transitions-Phase gesehen, in welcher unzählige zwischen 1985 und 2005 bahnbrechende medienrelevante Gesetze verabschiedet worden sind. Durch die Reformen kam es unter anderem zur Liberalisierung der Presse.[16] In Polen ist der Verlauf des Mediensystems parallel zum Verlauf des politischen Systems anzusehen. Der Prozess teilt sich in Systemwandel, Systemwechsel, Transition und Transformation. Aus einem sozialistischen Staat wird ein demokratischer Staat. Aus einem sozialistischen Mediensystem wird ein demokratisch-orientiertes Mediensystem.[17]

---

[14] Vgl. Gundolf, Axel (Hrsg.) (Saarbrücken, 2008): Transformation des polnischen Mediensystems S. 3 & S. 42
Vgl. Transformation und Entwicklungsprozess des Mediensystems in Polen von 1989 bis 2001, S. 8 – S. 13
URL: https://eldorado.tu-dortmund.de/bitstream/2003/2968/1/Hadamikunt.pdf Zugriff: 10.12.2009

[15] Vgl. Gundolf, Axel (Hrsg.) (Saarbrücken, 2008): Transformation des polnischen Mediensystems S. 34 & S. 42

[16] Vgl. Gundolf, Axel (Hrsg.) (Saarbrücken, 2008): Transformation des polnischen Mediensystems S. 46 & S. 59

[17] Vgl. Transformation und Entwicklungsprozess des Mediensystems in Polen von 1989 bis 2001, S. 14-15, S. 42
URL: https://eldorado.tu-dortmund.de/bitstream/2003/2968/1/Hadamikunt.pdf Zugriff: 10.12.2009

4. Mediensystem in Polen

4.1 Medienpolitik

Die polnische Medienpolitik wurde weitgehend durch die Verabschiedung medienrelevanter Gesetze zwischen 1985-2005 beeinflusst. So konnte durch das Zollgesetz von 1989 die Einfuhr ausländischer Publikationen legalisiert werden. Staatliche Monopole konnten durch das Gesetz zur Beseitigung der Arbeiterverlagsgenossenschaften RSW bekämpft werden. Die neue Verfassung der Republik Polen von 1997 hatte die Presse- und Meinungsfreiheit in der Gesetzgebung verankert. Die Zensur wurde durch die Liquidierung des Zensurgesetzes von 1990 abgeschafft. So konnte die Presse mehr und mehr demokratisiert und liberalisiert werden. Die Lizenzierungspflicht wurde abgeschafft und die Prozedur der Registrierung zur Produktion und Distribution eigener Publikationen erleichtert. Heute gilt aber immer noch: Die Presse wird deutlich vom Marktgeschehen dominiert, der Rundfunk jedoch ist immer noch stark politisiert. Der Rundfunk wird durch das Rundfunkgesetz von 1992 reguliert. Dieses hat Ähnlichkeiten zum deutschen Rundfunkstaatsvertrag, wobei aber auch Unterschiede erkennbar sind.[18] In Polen existiert ein duales Rundfunksystem, welches durch den staatlichen Rat für den Hörfunk & Fernsehen (**K**rajowa **R**ada **R**adiofonii **i** **T**elewizji) koordiniert und reguliert wird. Diese Institution verteilt Lizenzen und kontrolliert, ob sich die Sender im Rahmen der Gesetze bewegen. Der nationale Rundfunkrat (KRRiT) besteht aus neun Mitgliedern: Vier aus dem Unterhaus des Parlaments, Zwei aus dem Oberhaus des Parlaments und drei Mitglieder, die vom Präsidenten ernannt werden. Die Verordnungen der KRRiT sind verbindlich, haben somit also eine legislative Funktion.[19] Im weiteren Verlauf der Arbeit werde ich auf die einzelnen Sender des Rundfunks eingehen (siehe Punkt 4.4). Die Radio- und Fernsehersender unterteilen sich in öffentlich-rechtliche und privat-kommerzielle Sender. In der Überschrift zu Punkt 4.4 habe ich jedoch den *„dualen“* (Rundfunk) in Anführungszeichen gesetzt. Der Gedanke dahinter, begründet sich durch die Tatsache, dass in Polen eigentlich ein dreigeteiltes Rundfunksystem existiert. Denn in Polen gibt es seit 2001 eine neue Kategorie von Sendern auf dem Rundfunkmarkt: Die privaten, nicht-kommerziellen Anbieter. Dabei handelt es sich um den „gesellschaftlichen Rundfunk“, der aufgrund des Art. 39b des Rundfunkgesetzes

---

[18] Vgl. Gundolf, Axel (Hrsg.) (Saarbrücken, 2008): Transformation des polnischen Mediensystems S. 59 – S. 61
[19] Vgl. Gundolf, Axel (Hrsg.) (Saarbrücken, 2008): Transformation des polnischen Mediensystems S. 59 – S. 61

entstanden ist und von der katholischen Kirche betrieben wird. Hierbei handelt es sich überwiegend um religiöse Sender im Bereich Radio und TV. Finanzierung durch Werbung ist dabei verboten, jedoch müssen diese Sender keine Lizenzgebühr zahlen.[20] Erwähnenswert sind dabei der Hörfunk Sender Radio Maryja und der TV-Sender TV Trwam. Die öffentlich-rechtlichen Sender im Bereich Radio und TV sind Aktiengesellschaften im alleinigen Besitz des polnischen Staates. Sie unterliegen der Kontrolle durch die KRRiT (Radio S.A./ TVP S.A.).[21] Gemäß Art. 26 sind die öffentlich-rechtlichen Sender also „Ein-Personen-Aktiengesellschaften" des Finanzministeriums. Die Leitung übernimmt ein Vorstand, welcher zuvor von einem Aufsichtsrat ernannt und kontrolliert wird. Der Aufsichtsrat wird vom Nationalen Rundfunkrat bestimmt. Somit sind die öffentlich-rechtlichen Sender im Staatsbesitz. Die öffentlich-rechtlichen Sender schöpfen ihre Einnahmen aus einem dualen Finanzierungsmodell: Zum einen sind das die obligatorischen Rundfunkgebühren, zum anderen sind es Werbeeinnahmen (auch Rechtehandel). Die privat-kommerziellen Sender finanzieren sich aus Werbeeinnahmen.[22] Zudem regelt das Rundfunkgesetz inhaltliche und funktionelle Fragestellungen im Rahmen des Rundfunksystems. So werden die allgemeinen Aufgaben des Rundfunks festgelegt (Kap. 1). Dabei stehen Bildung, Information, Kultur, Kunst, Wissenschaft, Unterhaltung und die Förderung nationaler Produktionen audiovisueller Werke im Vordergrund. Zudem werden Mindestquoten für polnischsprachige (33%) und europäische Produktionen (50%) für TV- und Radioprogramme festgelegt (Art. 15, Kap. 3). Weiterhin muss Werbung kenntlich gemacht werden, darf nicht über 15% des täglichen Sendevolumens einnehmen und nicht 12 Min. einer vollen Stunde überschreiten. Kinder-, Religions- und Nachrichtensendungen dürfen nicht unterbrochen werden. Werbung für Tabak und Glücksspiel sind verboten und im Bereich von Alkohol sind Restriktionen vorhanden. Durch Art. 18 (Kap. 3) und Kapitel 4, werden besondere Qualitäten von den Rundfunkinhalten verlangt. So wird besonderer Wert auf christliche Werte, Moral, polnische Kultur und Sprache, familiäre Werte, demokratische Werte, Minderheitenschutz und Jugendschutz gelegt. Pornografie und sinnlose Gewalt ist verboten. Gewaltinhalte und Vulgarismus dürfen nur zwischen 23 Uhr und 6 Uhr erfolgen und speziell gekennzeichnet werden.[23]

---

[20] Vgl. Gundolf, Axel (Hrsg.) (Saarbrücken, 2008): Transformation des polnischen Mediensystems S. 63

[21] Vgl. Wien International: Medienlandschaft in Polen
URL: http://www.wieninternational.at/de/node/11769 Zugriff: 10.12.2009

[22] Vgl. Gundolf, Axel (Hrsg.) (Saarbrücken, 2008): Transformation des polnischen Mediensystems S. 63 – S. 64

[23] Vgl. Gundolf, Axel (Hrsg.) (Saarbrücken, 2008): Transformation des polnischen Mediensystems S. 61 – S. 63

4.2 Der polnische Medienmarkt

Polen gehört zu den am schnellsten wachsenden TV-Märkten in Mittel- und Osteuropa. Das liegt zum einen an der relativ hohen Bevölkerungszahl (ca. 38 Mio.), wodurch gleichzeitig auch ein profitabler Markt gegeben ist und zum anderen hat sich der Werbemarkt recht dynamisch entwickeln können, woraufhin ein Werbeboom auf dem polnischem TV-Markt stattfand und die Branche finanziell enorm besser situierte als alle anderen Medienbranchen des Landes.[24] In Polen gibt es ca. zwischen 500 und 600 Fernseher- und Radioprogramme, welche man über Satellit, Kabel, Antenne oder das Telefonnetz empfangen kann. In Polen gibt es über 600 Kabelanbieter und ca. 4,5 Millionen Haushalte die ihr Programm über Kabel empfangen. Somit ist Polen der drittgrößte Markt für Kabelfernsehen in der EU (gleich nach Deutschland und den Niederlanden).[25] Auch das digitale Fernsehen hat in Polen beachtliche Erfolge erzielt. Jeder siebte Haushalt war 2001 mit einem Abonnement versorgt (ca. 1 Million). Die Anbieter für digitales Fernsehen sind „Nowa Cyfra +" und „Polsat Cyfrowy". Auch die Satellitenprogramme steigen stetig an. Durch die recht positiven Entwicklungen im Bereich des TV-Marktes, kann man zu Recht behaupten, dass Polen einer der großen TV-Märkte Europas ist.[26] Der polnische Internetmarkt ist der neuntgrößte Europas, wobei man von ca. 13,1 Mio. Nutzern ausgeht. Das zieht Investoren wie z.B. AOL (2007) und Bauer an, um auf dem polnischen Onlinemarkt Investitionen zu tätigen.[27] Laut eines Meinungsforschungsinstitutes CBOS gab es 2006 in ca. 45% der polnischen Haushalte einen PC mit ca. 36% Onlinezugängen. 2008 konnte man einen deutlichen Aufschwung erkennen: 57% Haushalte mit einem PC mit 44% Onlinezugängen. Medienunternehmen jeglicher Art nutzen diesen Trend, indem zusätzliche Online-Ausgaben oder Stream-Angebote bereitgestellt werden.[28] Der Printmarkt in Polen ist einer der dynamischsten Printmärkte der EU. Ein breites Spektrum an Zeitungen und Zeitschriften, mit etwa 5.400 Titeln, machen dieses Marktsegment für unzählige ausländische Investoren zu einem hart umkämpften und

---

[24] Vgl. Transformation und Entwicklungsprozess des Mediensystems in Polen von 1989 bis 2001, S. 252
URL: https://eldorado.tu-dortmund.de/bitstream/2003/2968/1/Hadamikunt.pdf Zugriff: 10.12.2009

[25] Vgl. Robert Bosch Stiftung: Medien in Polen
URL: http://www.medientage.org/subpage.php?category_id=217 Zugriff: 10.12.2009

[26] Vgl. Transformation und Entwicklungsprozess des Mediensystems in Polen von 1989 bis 2001, S. 275, S. 277
URL: https://eldorado.tu-dortmund.de/bitstream/2003/2968/1/Hadamikunt.pdf Zugriff: 10.12.2009

[27] Vgl. Robert Bosch Stiftung: Medien in Polen
URL: http://www.medientage.org/subpage.php?category_id=217 Zugriff: 10.12.2009

[28] Vgl. Wien International: Medienlandschaft in Polen
URL: http://www.wieninternational.at/de/node/11769 Zugriff: 10.12.2009

attraktiven Markt. Anzufinden sind vor allem deutsche Investoren wie z.B. Axel Springer und Burda.[29] Doch gerade die ausländischen Investoren führten dazu, dass das veraltete Mediensystem nach der Wende modernisiert wurde und expandieren konnte. So wurde z.B. im Jahr 1998 ca. 633 Mio. US-Dollar in die polnische Medienlandschaft investiert. Tendenz steigend. Dabei dominieren vor allem deutsche Medienunternehmen den Markt im Printsektor.[30]

4.3 Printsektor: Tageszeitung

Durch diverse Gesetze wurde die Presse- und Meinungsfreiheit garantiert und die Zensur aufgehoben. Zudem wurde das Registrierungsverfahren für Produktion und Distribution von Publikationen erleichtert. Täglich sollen ca. 5 Mio. Exemplare von Tageszeitungen erscheinen. Statistisch gesehen rezipiert nur jeder Dritte Pole eine Tageszeitung. Der polnische Zeitungs- und Zeitschriftenmarkt ist der größte in Mittel-Osteuropa und der drittgrößte in Osteuropa.[31] Die drei erfolgreichsten Tageszeitungen sind „Fakt", „Gazeta Wyborcza" und „Rzeczpospolita". „Fakt" ist mit einer Auflage von 500.000 Exemplaren der Marktführer unter den Tageszeitungen. Dabei handelt es sich um eine Boulevardzeitung die seit 2003 von „Axel Springer Polska" vertrieben wird. An zweiter Stelle kommt die von der Agora S.A. produzierte „Gazeta Wyborcza" mit einer Auflage von 450.000 Exemplaren und einer geschätzten Leserschaft von 4,5 Millionen. Sie erscheint täglich in ganz Polen. Die Nummer Drei wird von der Tageszeitung „Rzeczpospolita" des norwegischen Orkla Konzerns belegt. Die geschätzte Auflage beläuft sich auf ca. 270.000 Exemplare mit einer Leserschaft von ca. 1,3 Millionen.[32]

4.4 Rundfunk

4.4.1 Hörfunk

In Polen gliedert sich das Hörfunk-Angebot in öffentlich-rechtliche, privat-kommerzielle und privat-nicht-kommerzielle Sender. Unter den öffentlich-rechtlichen Radiosendern (Radio S.A.) sind besonders das „Erste und das Dritte" Programm des

---

[29] Vgl. Wien International: Medienlandschaft in Polen
URL: http://www.wieninternational.at/de/node/11768 Zugriff: 10.12.2009

[30] Vgl. Transformation und Entwicklungsprozess des Mediensystems in Polen von 1989 bis 2001, S. 286
URL: https://eldorado.tu-dortmund.de/bitstream/2003/2968/1/Hadamikunt.pdf Zugriff: 10.12.2009

[31] Vgl. Robert Bosch Stiftung: Medien in Polen
URL: http://www.medientage.org/subpage.php?article_id=226 Zugriff: 10.12.2009

[32] Vgl. Mittel- & Osteuropäisches Journalistenseminar: Mediensystem in Polen
URL: http://www.wenigerismehr.de/swok/ssm-seminar/2004/msys_pol.htm Zugriff: 10.12.2009

polnischen Rundfunks erfolgreich. Bei beiden handelt es sich um Vollprogramme. Zudem existiert ein Kulturprogramm „Das Zweite“.[33] „Das Erste“ hat einen Marktanteil von 13%. „Das Dritte“ einen Marktanteil von 6,41%. „Das Zweite“ einen Marktanteil von 0,54%. Die privat-kommerziellen Radiosender in Polen sind sehr erfolgreich. Die landesweiten Marktführer hierbei sind: RMF FM mit einem Marktanteil von 23,07% und Radio ZET mit einem Marktanteil von 17,66%.[34] Der privat-nicht-kommerzielle und nationalkonservative katholische Radiosender „Radio Maryja“ ist mit einem Marktanteil von 1,87%, in seiner Gattung der erfolgreichste. In Polen wird er in ca. von 2 Millionen Hörern rezipiert.[35]

4.4.2 Fernsehen

Der TV-Markt in Polen gliedert sich in öffentlich-rechtliche, privat-kommerzielle und privat-nicht-kommerzielle Sender. Bei den Öffentlich-rechtlichen handelt es sich um staatliche Sender (TVP – Telewizja Polska), wobei die zwei größten Sender 99% aller polnischen Haushalte erreichen. Dabei handelt es sich um die Sender „TVP 1“ und „TVP 2“. Weiterhin muss man den Kulturkanal „TVP Kultura“, den Sportkanal „TVP Sport“ und den Geschichtskanal „TVP Historia“ erwähnen. Seit 2008 gibt es zusätzlich zum Standart-Angebot auch ein TVP HD Angebot. „TV Polonia“ gehört auch zu den öffentlich-rechtlichen Sendern. Dieser Sender ist speziell für Polen die im Ausland leben eingerichtet wurden und kann überall auf der Welt via Satellit empfangen werden. Die Zuschauerquote von TVP 1 beträgt ca. 23,82%. TVP 2 dagegen hat eine Zuschauerquote von 16,88%. Bei den privat-kommerziellen Sendern sind solche wie Polsat und TVN zu erwähnen. Polsat war der erste private Sender der eine Lizenz erhalten hat und kann sich heute mit Zuschauerquoten von 15,21% begnügen. TVN hingegen hat Zuschauerquoten von 16,45%. TVN bietet weiterhin ein breites Angebot an wie z.B. TVN 7 (Spielfilme), TVN Style (Mode), TVN 24 (Nachrichten) und viele mehr. Unter den privaten, nicht-kommerziellen Sendern ist TV Trwam und TV Puls zu erwähnen. Beides sind ultrakonservative katholische Sender. TV Puls wird von einem Franziskanerorden geführt und hat einen Marktanteil von 0,74%.

---

[33] Vgl. Mittel- und Osteuropäisches Journalismusseminar: Mediensystem in Polen
URL: http://www.wenigerismehr.de/swok/ssm-seminar/2004/msys_pol.htm Zugriff: 11.12.2009

[34] Vgl. Wien International: Medienlandschaft in Polen
URL: http://www.wieninternational.at/de/node/11769 Zugriff: 10.12.2009

[35] Vgl. Mittel- & Osteuropäisches Journalistenseminar: Mediensystem in Polen
URL: http://www.wenigerismehr.de/swok/ssm-seminar/2004/msys_pol.htm Zugriff: 11.12.2009

5 Fazit

Die polnische Medienwirtschaft ist ein aufstrebender Markt und recht interessant für ausländische Investoren. Das liegt zum einen an der relativ hohen Bevölkerungszahl, was natürlich für die Werbebranche interessant ist, zum anderen an der recht hohen Teilnahme der polnischen Bevölkerung auf dem Rezipientenmarkt. Die Transformation des Mediensystem ist noch lange nicht abgeschlossen und wird noch vielen Veränderungen unterliegen in der Zukunft. Das liegt zum einen daran, dass die Polen relativ kurz ein demokratisches System in ihrem Land besitzen und zum anderen die dynamischen Entwicklungen auf dem europäischen Markt in rechtlichen, gesellschaftlichen, politischen und ökonomischen Bereichen. Die Grenzen des Mediensystems werden langsam verwischt. Nationale Eigenarten bleiben natürlich bestehen, dennoch beeinflusst die Gruppendynamik der EU immer mehr die Medienlandschaft in Polen und eröffnen den europäischen Markt neue Möglichkeiten der Investitionen in Polen. So werden die polnischen Medien von internationalen Medienkonzernen dominiert (bis auf die öffentlich-rechtlichen Sender). Der Printmarkt gilt hierbei als bestes Beispiel. Auch der technische Fortschritt, die Modernisierung der Angebote (Digitales TV, HDTV, Web TV, Web Radio) und die stetig ansteigende Medienaffinität der Polen bringen neue Chancen mit sich. Medienkonvergenz und cross-mediale Inhalte werden sicherlich in den Mittelpunkt des Geschehens rücken. Eines ist aber sicher: Mit dem steigenden Zusammenwachsen der Medien und Inhalte, werden auch die Medienkonzerne immer mehr zusammenwachsen. Große Medienkonzerne, internationale Investoren und Fusionen werden an der Tagesordnung sein.[36] Alles in allem kann man sagen, dass der polnische Medienmarkt ein sehr dynamischer Markt ist, mit vielen Ähnlichkeiten zu den westlichen Modellen, aber trotzdem mit eigenen landestypischen Strukturen und aggressivem Medienverhalten („Gefahr von Latein-Amerikanisierung der Medien"). Das Mediensystem steht zwischen Adaption und autonomer Gestaltung.[37]

---

[36] Vgl. Wien International: Medienlandschaft in Polen
URL: http://www.wieninternational.at/de/node/11769 Zugriff: 10.12.2009

[37] Vgl. Transformation und Entwicklungsprozess des Mediensystems in Polen von 1989 bis 2001, S. 49 – S. 51
URL: https://eldorado.tu-dortmund.de/bitstream/2003/2968/1/Hadamikunt.pdf Zugriff: 10.12.2009

II Quellenverzeichnis

- **Gundolf, Axel (Hrsg.) (Saarbrücken, 2008): Transformation des polnischen Mediensystems**

- **Gläser, Martin (Hrsg.) (Stuttgart, 2008): Medienmanagement**

- **Barbara Thomaß (Hrsg.) (2007, Konstanz): Mediensysteme im internationalen Vergleich**

- **Transformation und Entwicklungsprozess des Mediensystems in Polen von 1989 bis 2001**
  URL: https://eldorado.tu-dortmund.de/bitstream/2003/2968/1/Hadamikunt.pdf

- **Auswärtiges Amt: Polen**
  URL: http://www.auswaertiges-amt.de/diplo/de/Laenderinformationen/01-Laender/Polen.html

- **Polish-Online: Nationale ethnische Minderheiten**
  URL: http://www.polish-online.com/polen/politik/nationale-ethnische-minderheiten.php

- **Tourismus: Polen URL: http://www.tourismus-polen.de/Infos_Land.htm**

- **Wien International: Medienlandschaft in Polen**
  URL: http://www.wieninternational.at/de/node/11769

- **Robert Bosch Stiftung: Medien in Polen**
  URL: http://www.medientage.org/subpage.php?category_id=217

- **Mittel- & Osteuropäisches Journalistenseminar: Mediensystem in Polen**
  URL: http://www.wenigerismehr.de/swok/ssm-seminar/2004/msys_pol.htm